LIBRO DE COCINA CHINA 2021

RECETAS DE LA TRADICION CHINA FÁCILES DE HACER

MIGUEL ALONSO

Tabla de contenido

Introducción

La cocina china se ha vuelto inmensamente popular en los últimos años porque ofrece una gama diferente de sabores para disfrutar. La mayoría de los platos se cocinan sobre la estufa, y muchos se preparan y cocinan rápidamente, por lo que son ideales para el cocinero ocupado que quiere crear un plato atractivo cuando hay poco tiempo de sobra. Si realmente te gusta la cocina china, probablemente ya tengas un wok, y este es el utensilio perfecto para cocinar la mayoría de los platos del libro. Cuando descubra lo fáciles de preparar y lo sabroso que es comer, seguramente querrá invertir en un wok para su cocina.

Bacalao con Salsa Mandarina

Para 4 personas

675 g / 1¬Ω lb filetes de bacalao, cortados en tiras

30 ml / 2 cucharadas de harina de maíz (maicena)

60 ml / 4 cucharadas de aceite de cacahuete

1 cebolla tierna (cebolleta), picada

2 dientes de ajo machacados

1 rodaja de raíz de jengibre, picada

100 g / 4 oz de champiñones, en rodajas

50 g / 2 oz de brotes de bambú, cortados en tiras

120 ml / 4 fl oz / ¬Ω taza de salsa de soja

30 ml / 2 cucharadas de vino de arroz o jerez seco

15 ml / 1 cucharada de azúcar morena

5 ml / 1 cucharadita de sal

250 ml / 8 fl oz / 1 taza de caldo de pollo

Sumerja el pescado en la harina de maíz hasta que esté ligeramente cubierto. Calentar el aceite y sofreír el pescado hasta que se doren por ambos lados. Sácalo de la sartén. Agrega la cebolleta, el ajo y el jengibre y sofríe hasta que estén ligeramente dorados. Agrega las setas y los brotes de bambú y sofríe durante 2 minutos. Agregue los ingredientes restantes y lleve a

hervir, revolviendo. Regrese el pescado a la sartén, tape y cocine a fuego lento durante 20 minutos.

Pescado con Piña

Para 4 personas

450 g / 1 libra de filetes de pescado

2 cebolletas (cebolletas), picadas

30 ml / 2 cucharadas de salsa de soja

15 ml / 1 cucharada de vino de arroz o jerez seco

2,5 ml / ¬Ω cucharadita de sal

2 huevos, ligeramente batidos

15 ml / 1 cucharada de harina de maíz (maicena)

45 ml / 3 cucharadas de aceite de maní (maní)

225 g / 8 oz de trozos de piña enlatados en jugo

Cortar el pescado en tiras de 2,5 cm / 1 en contra de la fibra y colocar en un bol. Agrega las cebolletas, la salsa de soja, el vino o jerez y la sal, mezcla bien y deja reposar 30 minutos. Escurre el pescado, desechando la marinada. Batir los huevos y la harina de maíz hasta obtener una masa y sumergir el pescado en la masa para cubrir, escurriendo el exceso. Calentar el aceite y sofreír el pescado hasta que esté ligeramente dorado por ambos lados. Reduzca el fuego y continúe cocinando hasta que estén tiernos. Mientras tanto, mezcle 60 ml / 4 cucharadas de jugo de piña con el resto de la masa.

y los trozos de piña. Coloque en una sartén a fuego suave y cocine a fuego lento hasta que esté completamente caliente, revolviendo continuamente. Disponer el

pescado cocido en un plato para servir caliente y vierta sobre la salsa para servir.

Rollos de Pescado con Cerdo

Para 4 personas

450 g / 1 libra de filetes de pescado
100 g / 4 oz de carne de cerdo cocida, picada (molida)
30 ml / 2 cucharadas de vino de arroz o jerez seco
15 ml / 1 cucharada de azúcar
aceite para freír
120 ml / 4 fl oz / ¬Ω taza de caldo de pescado
3 cebolletas (cebolletas), picadas
1 rodaja de raíz de jengibre, picada
15 ml / 1 cucharada de salsa de soja
15 ml / 1 cucharada de harina de maíz (maicena)
45 ml / 3 cucharadas de agua

Cortar el pescado en cuadrados de 9 cm / 3 Ω. Mezclar la carne de cerdo con el vino o jerez y la mitad del azúcar, esparcir por los cuadritos de pescado, enrollarlos y asegurarlos con una cuerda. Calentar el aceite y sofreír el pescado hasta que se dore. Escurrir sobre papel de cocina. Mientras tanto, caliente el caldo y agregue las cebolletas, el jengibre, la salsa de soja y el azúcar restante. Lleve a ebullición y cocine a fuego lento durante 4 minutos.

Mezcle la harina de maíz y el agua hasta obtener una pasta, revuelva en la sartén y cocine a fuego lento, revolviendo, hasta que la salsa se aclare y espese. Vierta sobre el pescado y sirva de una vez.

Pescado al vino de arroz

Para 4 personas

400 ml / 14 fl oz / 1¬œ tazas de vino de arroz o jerez seco

120 ml / 4 fl oz / ¬Ω taza de agua

30 ml / 2 cucharadas de salsa de soja

5 ml / 1 cucharadita de azúcar

sal y pimienta recién molida

10 ml / 2 cucharaditas de harina de maíz (maicena)

15 ml / 1 cucharada de agua

450 g / 1 libra de filetes de bacalao

5 ml / 1 cucharadita de aceite de sésamo

2 cebolletas (cebolletas), picadas

Llevar a ebullición el vino, el agua, la salsa de soja, el azúcar, la sal y la pimienta y dejar hervir hasta que se reduzcan a la mitad. Mezcle la harina de maíz con el agua hasta obtener una pasta, revuélvala en la sartén y cocine a fuego lento, revolviendo, durante 2 minutos. Sazone el pescado con sal y espolvoree con aceite de sésamo. Agregue a la sartén y cocine a fuego lento durante unos 8 minutos hasta que esté cocido. Sirva espolvoreado con cebolletas.

Pescado frito

Para 4 personas

450 g / 1 libra de filetes de bacalao, cortados en tiras

sal

salsa de soja

aceite para freír

Espolvorear el pescado con sal y salsa de soja y dejar reposar 10 minutos. Calentar el aceite y sofreír el pescado durante unos minutos hasta que esté ligeramente dorado. Escurrir sobre papel de cocina y espolvorear generosamente con salsa de soja antes de servir.

Pescado con semillas de sésamo

Para 4 personas

450 g / 1 libra de filetes de pescado, cortados en tiras

1 cebolla picada

2 rodajas de raíz de jengibre, picadas

120 ml / 4 fl oz / ¬Ω taza de vino de arroz o jerez seco

10 ml / 2 cucharaditas de azúcar morena

2,5 ml / ¬Ω cucharadita de sal

1 huevo, ligeramente batido

15 ml / 1 cucharada de harina de maíz (maicena)

45 ml / 3 cucharadas de harina normal (para todo uso)

60 ml / 6 cucharadas de semillas de sésamo

aceite para freír

Coloca el pescado en un bol. Mezclar la cebolla, el jengibre, el vino o jerez, el azúcar y la sal, añadir al pescado y dejar macerar durante 30 minutos, volteando de vez en cuando. Batir el huevo, la maicena y la harina hasta formar una masa. Sumerja el pescado en la masa y luego presione en las semillas de sésamo. Calentar el aceite y sofreír las tiras de pescado durante aproximadamente 1 minuto hasta que estén doradas y crujientes.

Bolas de pescado al vapor

Para 4 personas

450 g / 1 lb de bacalao picado (molido)
1 huevo, ligeramente batido
1 rodaja de raíz de jengibre, picada
2,5 ml / ¬Ω cucharadita de sal
pizca de pimienta recién molida
15 ml / 1 cucharada de harina de maíz (maicena) 15 ml / 1
cucharada de vino de arroz o jerez seco

Mezcle bien todos los ingredientes y forme bolas del tamaño de una nuez. Espolvoree con un poco de harina si es necesario. Disponer en una fuente refractaria poco profunda.

Coloque el plato sobre una rejilla en una vaporera, cubra y cocine al vapor sobre agua hirviendo a fuego lento durante unos 10 minutos hasta que esté cocido.

Pescado Agridulce Marinado

Para 4 personas

450 g / 1 libra de filetes de pescado, cortados en trozos

1 cebolla picada

3 rodajas de raíz de jengibre, picada

5 ml / 1 cucharadita de salsa de soja

sal y pimienta recién molida

30 ml / 2 cucharadas de harina de maíz (maicena)

aceite para freír

salsa agridulce

Coloca el pescado en un bol. Mezclar la cebolla, el jengibre, la salsa de soja, la sal y la pimienta, agregar al pescado, tapar y dejar reposar 1 hora, volteando de vez en cuando. Retirar el pescado de la marinada y espolvorear con harina de maíz. Calentar el aceite y sofreír el pescado hasta que esté crujiente y dorado. Escurrir sobre papel de cocina y colocar en un plato para servir caliente. Mientras tanto, prepara la salsa y vierte sobre el pescado para servir.

Pescado con Salsa de Vinagre

Para 4 personas

450 g / 1 libra de filetes de pescado, cortados en tiras

sal y pimienta recién molida

1 clara de huevo, ligeramente batida

45 ml / 3 cucharadas de harina de maíz (maicena)

15 ml / 1 cucharada de vino de arroz o jerez seco

aceite para freír

250 ml / 8 fl oz / 1 taza de caldo de pescado

15 ml / 1 cucharada de azúcar morena

15 ml / 1 cucharada de vinagre de vino

2 rodajas de jengibre de raíz, picado

2 cebolletas (cebolletas), picadas

Condimente el pescado con un poco de sal y pimienta. Batir la clara de huevo con 30 ml / 2 cucharadas de maicena y el vino o jerez. Mezcle el pescado en la masa hasta que esté cubierto. Calentar el aceite y sofreír el pescado durante unos minutos hasta que se dore. Escurrir sobre papel de cocina.

Mientras tanto, hierva el caldo, el azúcar y el vinagre de vino. Agregue el jengibre y la cebolleta y cocine a fuego lento durante 3 minutos. Licúa el resto de la harina de maíz hasta obtener una pasta con un poco de agua, revuelve

en la sartén y cocine a fuego lento, revolviendo, hasta que la salsa se aclare y espese. Vierta sobre el pescado para servir.

Anguila frita

Para 4 personas

450 g / 1 libra de anguila

250 ml / 8 fl oz / 1 taza de aceite de maní (maní)

30 ml / 2 cucharadas de salsa de soja oscura

30 ml / 2 cucharadas de vino de arroz o jerez seco

15 ml / 1 cucharada de azúcar morena

pizca de aceite de sésamo

Pele la anguila y córtela en trozos. Calentar el aceite y freír la anguila hasta que esté dorada. Retirar de la sartén y escurrir. Vierta todo menos 30 ml / 2 cucharadas de aceite. Recalentar el aceite y agregar la salsa de soja, el vino o jerez y el azúcar. Caliente, luego agregue la anguila y saltee hasta que la anguila esté bien cubierta y casi todo el líquido se haya evaporado. Espolvorear con aceite de sésamo y servir.

Anguila cocida en seco

Para 4 personas

5 hongos chinos secos

3 cebolletas (cebolletas)

30 ml / 2 cucharadas de aceite de cacahuete

20 dientes de ajo

6 rodajas de raíz de jengibre

10 castañas de agua

900 g / 2 lb de anguilas

30 ml / 2 cucharadas de salsa de soja

15 ml / 1 cucharada de azúcar morena

15 ml / 1 cucharada de vino de arroz o jerez seco

450 ml / ¬œ pt / 2 tazas de agua

15 ml / 1 cucharada de harina de maíz (maicena)

45 ml / 3 cucharadas de agua

5 ml / 1 cucharadita de aceite de sésamo

Remoje los champiñones en agua tibia durante 30 minutos, luego escurra y deseche los tallos. Corta 1 cebolla tierna en trozos y pica la otra. Calentar el aceite y sofreír los champiñones, los trozos de cebolleta, el ajo, el jengibre y las castañas durante 30

segundos. Agrega las anguilas y sofríe durante 1 minuto.
Agregue la salsa de soja, el azúcar, el vino o

jerez y agua, llevar a ebullición, tapar y hervir a fuego lento
durante 1 Ω horas, agregando un poco de agua durante la cocción
si es necesario. Mezcle la harina de maíz y el agua hasta obtener
una pasta, revuelva en la sartén y cocine a fuego lento,
revolviendo, hasta que la salsa espese. Servir espolvoreado con
aceite de sésamo y las cebolletas picadas.

Anguila con Apio

Para 4 personas

350 g / 12 oz de anguila

6 tallos de apio

30 ml / 2 cucharadas de aceite de cacahuete

2 cebolletas (cebolletas), picadas

1 rodaja de raíz de jengibre, picada

30 ml / 2 cucharadas de agua

5 ml / 1 cucharadita de azúcar

5 ml / 1 cucharadita de vino de arroz o jerez seco

5 ml / 1 cucharadita de salsa de soja

pimienta recién molida

30 ml / 2 cucharadas de perejil fresco picado

Despellejar y cortar la anguila en tiras. Corta el apio en tiras. Calentar el aceite y freír las cebolletas y el jengibre durante 30 segundos. Agrega la anguila y sofríe durante 30 segundos. Agrega el apio y sofríe durante 30 segundos. Agrega la mitad del agua, el azúcar, el vino o jerez, la salsa de soja y la pimienta. Lleve a ebullición y cocine a fuego lento durante unos minutos hasta que el apio esté tierno pero aún crujiente y el líquido se haya reducido. Sirve espolvoreado con perejil.

Pimientos Rellenos De Abadejo

Para 4 personas

225 g / 8 oz de filetes de eglefino, picados (molidos)

100 g / 4 oz de gambas peladas, picadas (molidas)

1 cebolla tierna (cebolleta), picada

2,5 ml / ¬Ω cucharadita de sal

pimienta

4 pimientos verdes

45 ml / 3 cucharadas de aceite de maní (maní)

120 ml / 4 fl oz / ¬Ω taza de caldo de pollo

10 ml / 2 cucharaditas de harina de maíz (maicena)

5 ml / 1 cucharadita de salsa de soja

Mezclar el eglefino, las gambas, la cebolleta, la sal y la pimienta. Corta el tallo de los pimientos y saca el centro. Rellena los pimientos con la mezcla de mariscos. Calentar el aceite y añadir los pimientos y el caldo. Llevar a ebullición, tapar y cocinar a fuego lento durante 15 minutos. Transfiera los pimientos a un plato para servir tibio. Mezcle la harina de maíz, la salsa de soja y un poco de agua y revuelva en la sartén. Lleve a ebullición y cocine a fuego lento, revolviendo, hasta que la salsa se aclare y espese.

Abadejo en salsa de frijoles negros

Para 4 personas

15 ml / 1 cucharada de aceite de cacahuete

2 dientes de ajo machacados

1 rodaja de raíz de jengibre, picada

15 ml / 1 cucharada de salsa de frijoles negros

2 cebollas, cortadas en gajos

1 rama de apio, en rodajas

450 g / 1 libra de filetes de eglefino

15 ml / 1 cucharada de salsa de soja

15 ml / 1 cucharada de vino de arroz o jerez seco

250 ml / 8 fl oz / 1 taza de caldo de pollo

Calentar el aceite y sofreír el ajo, el jengibre y la salsa de frijoles negros hasta que estén ligeramente dorados. Agrega las cebollas y el apio y sofríe durante 2 minutos. Agrega el eglefino y sofríe durante unos 4 minutos por cada lado o hasta que el pescado esté cocido. Agregue la salsa de soja, el vino o el jerez y el caldo de pollo, lleve a ebullición, tape y cocine a fuego lento durante 3 minutos.

Pescado en Salsa Morena

Para 4 personas

4 eglefino o pescado similar

45 ml / 3 cucharadas de aceite de maní (maní)

2 cebolletas (cebolletas), picadas

2 rodajas de raíz de jengibre picadas

5 ml / 1 cucharadita de salsa de soja

2,5 ml / ¬Ω cucharadita de vinagre de vino

2,5 ml / ¬Ω cucharadita de vino de arroz o jerez seco

2,5 ml / ¬Ω cucharadita de azúcar

pimienta recién molida

2,5 ml / ¬Ω cucharadita de aceite de sésamo

Recorta el pescado y córtalo en trozos grandes. Calentar el aceite y freír las cebolletas y el jengibre durante 30 segundos. Agrega el pescado y sofríe hasta que esté ligeramente dorado por ambos lados. Agregue la salsa de soja, vinagre de vino, vino o jerez, azúcar y pimienta y cocine a fuego lento durante 5 minutos hasta que la salsa esté espesa. Sirve espolvoreado con aceite de sésamo.

Pescado de cinco especias

Para 4 personas

450 g / 1 libra de filetes de eglefino

5 ml / 1 cucharadita de polvo de cinco especias

5 ml / 1 cucharadita de sal

30 ml / 2 cucharadas de aceite de cacahuete

2 dientes de ajo machacados

2 rodajas de raíz de jengibre, picadas

30 ml / 2 cucharadas de vino de arroz o jerez seco

15 ml / 1 cucharada de salsa de soja

10 ml / 2 cucharaditas de aceite de sésamo

Frote los filetes de eglefino con el polvo de cinco especias y sal. Calentar el aceite y sofreír el pescado hasta que esté ligeramente dorado por ambos lados y luego retirarlo de la sartén. Agrega el ajo, el jengibre, el vino o jerez, la salsa de soja y el aceite de sésamo y sofríe durante 1 minuto. Regrese el pescado a la sartén y cocine a fuego lento hasta que el pescado esté tierno.

Abadejo con Ajo

Para 4 personas

450 g / 1 libra de filetes de eglefino

5 ml / 1 cucharadita de sal

30 ml / 2 cucharadas de harina de maíz (maicena)

60 ml / 4 cucharadas de aceite de cacahuete

6 dientes de ajo

2 rodajas de raíz de jengibre, trituradas

45 ml / 3 cucharadas de agua

30 ml / 2 cucharadas de salsa de soja

15 ml / 1 cucharada de salsa de frijoles amarillos

15 ml / 1 cucharada de vino de arroz o jerez seco

15 ml / 1 cucharada de azúcar morena

Espolvoree el eglefino con sal y espolvoree con harina de maíz. Calentar el aceite y sofreír el pescado hasta que se doren por ambos lados y luego retirarlo de la sartén. Agrega el ajo y el jengibre y sofríe durante 1 minuto. Agregue el resto de los ingredientes, lleve a ebullición, tape y cocine a fuego lento durante 5 minutos. Regrese el pescado a la sartén, tape y cocine a fuego lento hasta que esté tierno.

Pescado picante

Para 4 personas

450 g / 1 libra de filetes de eglefino, cortados en cubitos

jugo de 1 limón

30 ml / 2 cucharadas de salsa de soja

30 ml / 2 cucharadas de salsa de ostras

15 ml / 1 cucharada de cáscara de limón rallada

pizca de jengibre molido

sal y pimienta

2 claras de huevo

45 ml / 3 cucharadas de harina de maíz (maicena)

6 hongos chinos secos

aceite para freír

5 cebolletas (cebolletas), cortadas en tiras

1 rama de apio, cortado en tiras

100 g / 4 oz de brotes de bambú, cortados en tiras

250 ml / 8 fl oz / 1 taza de caldo de pollo

5 ml / 1 cucharadita de polvo de cinco especias

Poner el pescado en un bol y espolvorear con jugo de limón.
Mezcle la salsa de soja, la salsa de ostras, la cáscara de limón, el

jengibre, la sal, la pimienta, las claras de huevo y todo menos 5 ml / 1 cucharadita de harina de maíz. Licencia

marinar durante 2 horas, revolviendo de vez en cuando. Remojar los champiñones en agua tibia durante 30 minutos y luego escurrir. Deseche los tallos y corte las tapas. Calentar el aceite y sofreír el pescado durante unos minutos hasta que esté dorado. Retirar de la sartén. Agregue las verduras y fría hasta que estén tiernas pero aún crujientes. Vierta el aceite. Mezclar el caldo de pollo con la harina de maíz restante, agregarlo a las verduras y llevar a ebullición. Regrese el pescado a la sartén, sazone con polvo de cinco especias y caliente antes de servir.

Abadejo de jengibre con Pak Soi

Para 4 personas

450 g / 1 libra de filete de eglefino

sal y pimienta

225 g / 8 oz pak soi

30 ml / 2 cucharadas de aceite de cacahuete

1 rodaja de raíz de jengibre, picada

1 cebolla picada

2 chiles rojos secos

5 ml / 1 cucharadita de miel

10 ml / 2 cucharaditas de salsa de tomate (salsa de tomate)

10 ml / 2 cucharaditas de vinagre de malta

30 ml / 2 cucharadas de vino blanco seco

10 ml / 2 cucharaditas de salsa de soja

10 ml / 2 cucharaditas de salsa de pescado

10 ml / 2 cucharaditas de salsa de ostras

5 ml / 1 cucharadita de pasta de camarones

Pele el eglefino y luego córtelo en trozos de 2 cm / ¬æ.
Espolvorear con sal y pimienta. Corta el repollo en trozos
pequeños. Calentar el aceite y sofreír el jengibre y la cebolla

durante 1 minuto. Agrega la col y las guindillas y sofríe durante 30 segundos. Agrega la miel, el tomate

salsa de tomate, vinagre y vino. Agregue el eglefino y cocine a fuego lento durante 2 minutos. Agregue las salsas de soja, pescado y ostras y la pasta de camarones y cocine a fuego lento hasta que el eglefino esté cocido.

Trenzas de eglefino

Para 4 personas

450 g / 1 lb filetes de eglefino, sin piel

sal

5 ml / 1 cucharadita de polvo de cinco especias

jugo de 2 limones

5 ml / 1 cucharadita de anís, molido

5 ml / 1 cucharadita de pimienta recién molida

30 ml / 2 cucharadas de salsa de soja

30 ml / 2 cucharadas de salsa de ostras

15 ml / 1 cucharada de miel

60 ml / 4 cucharadas de cebollino picado

8,10 hojas de espinaca

45 ml / 3 cucharadas de vinagre de vino

Cortar el pescado en tiras largas y delgadas y formar trenzas, espolvorear con sal, polvo de cinco especias y jugo de limón y transferir a un bol. Mezclar el anís, la pimienta, la salsa de soja, la salsa de ostras, la miel y el cebollino, verter sobre el pescado y dejar macerar durante al menos 30 minutos. Forre la canasta de vapor con las hojas de espinaca, coloque las trenzas en la parte superior, cubra y cocine al vapor sobre agua hirviendo suavemente con el vinagre durante unos 25 minutos.

Rollos de pescado al vapor

Para 4 personas

450 g / 1 lb filetes de eglefino, sin piel y cortados en cubitos

jugo de 1 limón

30 ml / 2 cucharadas de salsa de soja

30 ml / 2 cucharadas de salsa de ostras

30 ml / 2 cucharadas de salsa de ciruela

5 ml / 1 cucharadita de vino de arroz o jerez seco

sal y pimienta

6 hongos chinos secos

100 g / 4 oz de brotes de soja

100 g / 4 oz de guisantes verdes

50 g / 2 oz / ¬Ω taza de nueces, picadas

1 huevo batido

30 ml / 2 cucharadas de harina de maíz (maicena)

225 g / 8 oz de col china, blanqueada

Pon el pescado en un bol. Mezcle el jugo de limón, las salsas de soja, ostras y ciruelas, vino o jerez y sal y pimienta. Verter sobre el pescado y dejar macerar durante 30 minutos. Agregue las verduras, las nueces, el huevo y la maicena y mezcle bien. Coloque 3 hojas chinas una encima de la otra, vierta un poco de la mezcla de pescado

y enrollar. Continúe hasta que se hayan agotado todos los ingredientes. Coloque los panecillos en una canasta de vapor, cubra y cocine sobre agua hirviendo a fuego lento durante 30 minutos.

Halibut con Salsa de Tomate

Para 4 personas

450 g / 1 libra de filetes de fletán

sal

15 ml / 1 cucharada de salsa de frijoles negros

1 diente de ajo machacado

2 cebolletas (cebolletas), picadas

2 rodajas de raíz de jengibre, picadas

15 ml / 1 cucharada de vino de arroz o jerez seco

15 ml / 1 cucharada de salsa de soja

200 g / 7 oz de tomates enlatados, escurridos

30 ml / 2 cucharadas de aceite de cacahuete

Espolvorear generosamente el fletán con sal y dejar reposar durante 1 hora. Enjuague la sal y seque. Colocar el pescado en un recipiente refractario y espolvorear con la salsa de frijoles negros, el ajo, las cebolletas, el jengibre, el vino o jerez, la salsa de soja y los tomates. Coloque el recipiente sobre una rejilla en una vaporera, cubra y cocine al vapor durante 20 minutos sobre agua hirviendo hasta que el pescado esté cocido. Calentar el aceite hasta que esté casi humeante y espolvorear sobre el pescado antes de servir.

Rape con Brócoli

Para 4 personas

450 g / 1 lb de cola de rape, en cubos

sal y pimienta

45 ml / 3 cucharadas de aceite de maní (maní)

50 g / 2 oz de champiñones, en rodajas

1 zanahoria pequeña, cortada en tiras

1 diente de ajo machacado

2 rodajas de raíz de jengibre, picadas

45 ml / 3 cucharadas de agua

275 g / 10 oz de floretes de brócoli

5 ml / 1 cucharadita de azúcar

5 ml / 1 cucharadita de harina de maíz (maicena)

45 ml / 3 cucharadas de agua

Condimentar bien el rape con sal y pimienta. Calentar 30 ml / 2 cucharadas de aceite y sofreír el rape, los champiñones, la zanahoria, el ajo y el jengibre hasta que estén ligeramente dorados. Agregue el agua y continúe cocinando a fuego lento, sin tapar, a fuego lento. Mientras tanto, blanquee el brócoli en agua hirviendo hasta que esté tierno y luego escúrralo bien. Calentar el aceite restante y sofreír el brócoli y el azúcar con una pizca de sal hasta que el brócoli esté bien cubierto de aceite. Organizar alrededor de un calentado

plato para servir. Mezcle la harina de maíz y el agua hasta obtener una pasta, revuelva con el pescado y cocine a fuego lento, revolviendo, hasta que la salsa espese. Vierta sobre el brócoli y sirva de una vez.

Salmonete con salsa de soja espesa

Para 4 personas

1 salmonete

aceite para freír

30 ml / 2 cucharadas de aceite de cacahuete

2 cebolletas (cebolletas), en rodajas

2 rodajas de raíz de jengibre, ralladas

1 guindilla roja, rallada

250 ml / 8 fl oz / 1 taza de caldo de pescado

15 ml / 1 cucharada de salsa de soja espesa

15 ml / 1 cucharada de blanco recién molido

pimienta

15 ml / 1 cucharada de vino de arroz o jerez seco

Recorta el pescado y márcalo en diagonal a cada lado. Calentar el aceite y sofreír el pescado hasta que esté medio cocido. Retirar del aceite y escurrir bien. Calentar el aceite y sofreír las cebolletas, el jengibre y la guindilla durante 1 minuto. Agregue los ingredientes restantes, mezcle bien y deje hervir. Agregue el pescado y cocine a fuego lento, sin tapar, hasta que el pescado esté cocido y el líquido casi se haya evaporado.

West Lake Fish

Para 4 personas

1 salmonete

30 ml / 2 cucharadas de aceite de cacahuete

4 cebolletas (cebolletas), ralladas

1 guindilla roja picada

4 rodajas de raíz de jengibre, ralladas

45 ml / 3 cucharadas de azúcar morena

30 ml / 2 cucharadas de vinagre de vino tinto

30 ml / 2 cucharadas de agua

30 ml / 2 cucharadas de salsa de soja

pimienta recién molida

Limpiar y recortar el pescado y hacer 2 o 3 cortes diagonales por cada lado. Calentar el aceite y sofreír la mitad de las cebolletas, la guindilla y el jengibre durante 30 segundos. Agrega el pescado y sofríe hasta que esté ligeramente dorado por ambos lados. Agregue el azúcar, el vinagre de vino, el agua, la salsa de soja y la pimienta, lleve a ebullición, tape y cocine a fuego lento durante unos 20 minutos hasta que el pescado esté cocido y la salsa se haya reducido. Sirva adornado con las cebolletas restantes.

Solla Frita

Para 4 personas

4 filetes de solla

sal y pimienta recién molida

30 ml / 2 cucharadas de aceite de cacahuete

1 rodaja de raíz de jengibre, picada

1 diente de ajo machacado

Hojas de lechuga

Sazone la solla generosamente con sal y pimienta. Calentar el aceite y sofreír el jengibre y el ajo durante 20 segundos. Agrega el pescado y sofríe hasta que esté bien cocido y dorado. Escurrir bien y servir sobre una cama de lechugas.

Solla al vapor con champiñones chinos

Para 4 personas

4 hongos chinos secos

450 g / 1 libra de filetes de solla, en cubos

1 diente de ajo machacado

1 rodaja de raíz de jengibre, picada

15 ml / 1 cucharada de salsa de soja

15 ml / 1 cucharada de vino de arroz o jerez seco

5 ml / 1 cucharadita de azúcar morena

350 g / 12 oz de arroz de grano largo cocido

Remojar los champiñones en agua tibia durante 30 minutos y luego escurrir. Desechar los tallos y picar las tapas. Mezclar con la solla, el ajo, el jengibre, la salsa de soja, el vino o jerez y el azúcar, tapar y dejar macerar durante 1 hora. Coloca el arroz en una vaporera y coloca el pescado encima. Cocine al vapor durante unos 30 minutos hasta que el pescado esté cocido.

Solla con Ajo

Para 4 personas

350 g / 12 oz de filetes de solla

sal

45 ml / 3 cucharadas de harina de maíz (maicena)

1 huevo batido

60 ml / 4 cucharadas de aceite de cacahuete

3 dientes de ajo picados

4 cebolletas (cebolletas), picadas

15 ml / 1 cucharada de vino de arroz o jerez seco

5 ml / 1 cucharadita de aceite de sésamo

Desollar la solla y cortarla en tiras. Espolvorear con sal y dejar reposar 20 minutos. Espolvoree el pescado con harina de maíz y luego sumérjalo en el huevo. Calentar el aceite y freír las tiras de pescado durante unos 4 minutos hasta que se doren. Retirar de la sartén y escurrir sobre papel de cocina. Vierta todo menos 5 ml / 1 cucharadita de aceite de la sartén y agregue los ingredientes restantes. Lleve a ebullición, revolviendo, luego cocine a fuego lento durante 3 minutos. Vierta sobre el pescado y sirva inmediatamente.

Solla con Salsa de Piña

Para 4 personas

450 g / 1 libra de filetes de solla

5 ml / 1 cucharadita de sal

30 ml / 2 cucharadas de salsa de soja

200 g / 7 oz de trozos de piña enlatados

2 huevos batidos

100 g / 4 oz / ¬Ω taza de harina de maíz (maicena)

aceite para freír

30 ml / 2 cucharadas de agua

5 ml / 1 cucharadita de aceite de sésamo

Cortar la solla en tiras y colocar en un bol. Espolvorear con sal, salsa de soja y 30 ml / 2 cucharadas de jugo de piña y dejar reposar 10 minutos. Batir los huevos con 45 ml / 3 cucharadas de harina de maíz hasta formar una masa y mojar el pescado en la masa. Calentar el aceite y sofreír el pescado hasta que se dore. Escurrir sobre la pimienta de cocina. Ponga el jugo de piña restante en una cacerola pequeña. Mezcle 30 ml / 2 cucharadas de harina de maíz con el agua y revuelva en la sartén. Lleve a ebullición y cocine a fuego lento, revolviendo, hasta que espese.

Agregue la mitad de los trozos de piña y caliente. Justo antes de servir, agregue el aceite de sésamo.

Coloque el pescado cocido en un plato para servir calentado y decore con la piña reservada. Vierta sobre la salsa picante y sirva de una vez.

Salmón con Tofu

Para 4 personas

120 ml / 4 fl oz / ¬Ω taza de aceite de maní (maní)

450 g / 1 libra de tofu, en cubos

2,5 ml / ¬Ω cucharadita de aceite de sésamo

100 g / 4 oz de filete de salmón, picado

pizca de salsa de chile

250 ml / 8 fl oz / 1 taza de caldo de pescado

15 ml / 1 cucharada de harina de maíz (maicena)

45 ml / 3 cucharadas de agua

2 cebolletas (cebolletas), picadas

Calentar el aceite y sofreír el tofu hasta que esté ligeramente dorado. Retirar de la sartén. Recalentar el aceite y el aceite de sésamo y sofreír el salmón y la salsa de guindilla durante 1 minuto. Agrega el caldo, lleva a ebullición y luego regresa el tofu a la sartén. Cocine a fuego lento, sin tapar, hasta que los ingredientes estén bien cocidos y el líquido se haya reducido. Licúa la harina de maíz y el agua hasta formar una pasta. Agregue poco a poco y cocine a fuego lento, revolviendo, hasta que la mezcla espese. Es posible que no necesite toda la pasta de harina de maíz si ha permitido que el líquido se reduzca.

Transfiera a un plato para servir caliente y espolvoree con las cebolletas.

Pescado Marinado Frito

Para 4 personas

450 g / 1 lb de espadines u otros peces pequeños, limpios
3 rodajas de raíz de jengibre, picada
120 ml / 4 fl oz / ¬Ω taza de salsa de soja
15 ml / 1 cucharada de vino de arroz o jerez seco
1 clavo de anís estrellado
aceite para freír
15 ml / 1 cucharada de aceite de sésamo

Coloca el pescado en un bol. Mezclar el jengibre, la salsa de soja, el vino o jerez y el anís, verter sobre el pescado y dejar reposar 1 hora, volteando de vez en cuando. Escurre el pescado, desechando la marinada. Calentar el aceite y freír el pescado por tandas hasta que esté crujiente y dorado. Escurrir sobre papel de cocina y servir espolvoreado con aceite de sésamo.

Trucha con Zanahorias

Para 4 personas

15 ml / 1 cucharada de aceite de cacahuete

1 diente de ajo machacado

1 rodaja de raíz de jengibre, picada

4 truchas

2 zanahorias, cortadas en tiras

25 g / 1 oz de brotes de bambú, cortados en tiras

25 g / 1 oz de castañas de agua, cortadas en tiras

15 ml / 1 cucharada de salsa de soja

15 ml / 1 cucharada de vino de arroz o jerez seco

Calentar el aceite y sofreír el ajo y el jengibre hasta que estén ligeramente dorados. Agrega el pescado, tapa y fríe hasta que el pescado se vuelva opaco. Agregue las zanahorias, los brotes de bambú, las castañas, la salsa de soja y el vino o jerez, revuelva con cuidado, tape y cocine a fuego lento durante unos 5 minutos.

Trucha Frita

Para 4 personas

4 truchas, limpias y descamadas

2 huevos batidos

50 g / 2 oz / ¬Ω taza de harina común (para todo uso)

aceite para freír

1 limón cortado en gajos

Corta el pescado en diagonal varias veces de cada lado. Sumerja los huevos batidos y luego agregue la harina para cubrir completamente. Sacude cualquier exceso. Calentar el aceite y sofreír el pescado durante unos 10 a 15 minutos hasta que esté cocido. Escurrir sobre papel de cocina y servir con limón.

Trucha con Salsa de Limón

Para 4 personas

450 ml / ¬œ pt / 2 tazas de caldo de pollo

5 cm de cáscara de limón en trozos cuadrados

150 ml / ¬° pt / ¬Ω taza generosa de jugo de limón

90 ml / 6 cucharadas de azúcar morena

2 rodajas de raíz de jengibre, cortadas en tiras

30 ml / 2 cucharadas de harina de maíz (maicena)

4 truchas

375 g / 12 oz / 3 tazas de harina común (para todo uso)

175 ml / 6 fl oz / ¬œ taza de agua

aceite para freír

2 claras de huevo

8 cebolletas (cebolletas), en rodajas finas

Para hacer la salsa, mezcle el caldo, la ralladura de limón y el jugo, el azúcar y durante 5 minutos. Retirar del fuego, colar y volver a la sartén. Mezcle la harina de maíz con un poco de agua y luego revuélvala en la sartén. Cocine a fuego lento durante 5 minutos, revolviendo con frecuencia. Retirar del fuego y mantener tibia la salsa.

Cubrir ligeramente el pescado por ambos lados con un poco de harina. Batir la harina restante con el agua y 10 ml / 2 cucharaditas de aceite hasta que quede suave. Batir las claras de huevo hasta que estén firmes pero no secas e incorporarlas a la masa. Calentar el aceite restante. Sumerja el pescado en la masa para cubrirlo por completo. Cocine el pescado durante unos 10 minutos, volteándolo una vez, hasta que esté bien cocido y dorado. Escurrir sobre papel de cocina. Coloca el pescado en un plato para servir calentado. Revuelva las cebolletas en la salsa tibia, vierta sobre el pescado y sirva inmediatamente.

Atún chino

Para 4 personas

30 ml / 2 cucharadas de aceite de cacahuete

1 cebolla picada

200 g / 7 oz de atún enlatado, escurrido y desmenuzado

2 tallos de apio picados

100 g de champiñones picados

1 pimiento verde picado

250 ml / 8 fl oz / 1 taza de caldo

30 ml / 2 cucharadas de salsa de soja

100 g / 4 oz de fideos de huevo finos

sal

15 ml / 1 cucharada de harina de maíz (maicena)

45 ml / 3 cucharadas de agua

Calentar el aceite y sofreír la cebolla hasta que se ablande. Agrega el atún y revuelve hasta que esté bien cubierto de aceite. Agrega el apio, los champiñones y la pimienta y sofríe durante 2 minutos. Agrega el caldo y la salsa de soja, lleva a ebullición, tapa y cocina a fuego lento durante 15 minutos.

Mientras tanto, cocine los fideos en agua hirviendo con sal durante unos 5 minutos hasta que estén tiernos, luego escurra bien y colóquelos en un plato para servir caliente. Mezcle la harina de maíz y el agua, agregue la mezcla a la salsa de atún y cocine a fuego lento, revolviendo, hasta que la salsa se aclare y espese.

Filetes de pescado adobados

Para 4 personas

4 filetes de merlán o eglefino

2 dientes de ajo machacados

2 rodajas de raíz de jengibre, trituradas

3 cebolletas (cebolletas), picadas

15 ml / 1 cucharada de vino de arroz o jerez seco

15 ml / 1 cucharada de vinagre de vino

sal y pimienta recién molida

45 ml / 3 cucharadas de aceite de maní (maní)

Coloca el pescado en un bol. Mezclar el ajo, el jengibre, las cebolletas, el vino o jerez, el vinagre de vino, la sal y la pimienta, verter sobre el pescado, tapar y dejar macerar durante varias horas. Retire el pescado de la marinada. Calentar el aceite y sofreír el pescado hasta que se dore por ambos lados y luego retirar de la sartén. Agregue la marinada a la sartén, deje que hierva, luego regrese el pescado a la sartén y cocine a fuego lento hasta que esté bien cocido.

Langostinos con Almendras

Para 4 personas

100 g / 4 oz de almendras

225 g / 8 oz de gambas grandes sin pelar

2 rodajas de raíz de jengibre, picadas

15 ml / 1 cucharada de harina de maíz (maicena)

2,5 ml / ¬Ω cucharadita de sal

30 ml / 2 cucharadas de aceite de cacahuete

2 dientes de ajo

2 tallos de apio picados

5 ml / 1 cucharadita de salsa de soja

5 ml / 1 cucharadita de vino de arroz o jerez seco

30 ml / 2 cucharadas de agua

Tostar las almendras en una sartén seca hasta que estén ligeramente doradas y luego reservar. Pelar las gambas, dejar las colas y cortarlas por la mitad a lo largo hasta la cola. Mezclar con el jengibre, la maicena y la sal. Calentar el aceite y sofreír el ajo hasta que esté ligeramente dorado y luego desechar el ajo. Agregue el apio, la salsa de soja, el vino o el jerez y el agua a la sartén y deje hervir. Agrega las gambas y sofríe hasta que estén bien calientes. Sirve espolvoreado con almendras tostadas.

Langostinos al anís

Para 4 personas

45 ml / 3 cucharadas de aceite de maní (maní)

15 ml / 1 cucharada de salsa de soja

5 ml / 1 cucharadita de azúcar

120 ml / 4 fl oz / ¬Ω taza de caldo de pescado

pizca de anís molido

450 g / 1 libra de gambas peladas

Calentar el aceite, añadir la salsa de soja, el azúcar, el caldo y el anís y llevar a ebullición. Agregue las gambas y cocine a fuego lento durante unos minutos hasta que estén bien calientes y aromatizadas.

Langostinos con Espárragos

Para 4 personas

450 g / 1 lb de espárragos, cortados en trozos

45 ml / 3 cucharadas de aceite de maní (maní)

2 rodajas de raíz de jengibre, picadas

15 ml / 1 cucharada de salsa de soja

15 ml / 1 cucharada de vino de arroz o jerez seco

5 ml / 1 cucharadita de azúcar

2,5 ml / ¬Ω cucharadita de sal

225 g / 8 oz de gambas peladas

Escaldar los espárragos en agua hirviendo durante 2 minutos y escurrir bien. Calentar el aceite y freír el jengibre durante unos segundos. Agregue los espárragos y revuelva hasta que estén bien cubiertos de aceite. Agregue la salsa de soja, el vino o el jerez, el azúcar y la sal y caliente. Agrega las gambas y revuelve a fuego lento hasta que los espárragos estén tiernos.

Langostinos con Tocino

Para 4 personas

450 g / 1 libra de gambas grandes sin pelar

100 g de tocino

1 huevo, ligeramente batido

2,5 ml / ¬Ω cucharadita de sal

15 ml / 1 cucharada de salsa de soja

50 g / 2 oz / ¬Ω taza de harina de maíz (maicena)

aceite para freír

Pelar las gambas, dejando intactas las colas. Cortar por la mitad a lo largo de la cola. Corta el tocino en cuadritos. Presione un trozo de tocino en el centro de cada langostino y presione las dos mitades juntas. Batir el huevo con la sal y la salsa de soja. Sumergir las gambas en el huevo y espolvorearlas con harina de maíz. Calentar el aceite y sofreír las gambas hasta que estén crujientes y doradas.

Bolas de gambas

Para 4 personas

3 hongos chinos secos

450 g / 1 lb de langostinos, finamente picados

6 castañas de agua, finamente picadas

1 cebolla tierna (cebollín) finamente picada

1 rodaja de raíz de jengibre finamente picada

sal y pimienta recién molida

2 huevos batidos

15 ml / 1 cucharada de harina de maíz (maicena)

50 g / 2 oz / ¬Ω taza de harina común (para todo uso)

aceite de cacahuete para freír

Remojar los champiñones en agua tibia durante 30 minutos y luego escurrir. Desechar los tallos y picar finamente las tapas. Mezclar con las gambas, las castañas de agua, la cebolleta y el jengibre y sazonar con sal y pimienta. Mezcle 1 huevo y 5 ml / 1 cucharadita de harina de maíz en bolitas del tamaño de una cucharadita colmada.

Batir el huevo restante, la maicena y la harina y agregar suficiente agua para hacer una masa espesa y suave. Ruede las bolas en el

masa. Calentar el aceite y freír durante unos minutos hasta que estén ligeramente dorados.

Langostinos a la brasa

Para 4 personas

450 g / 1 libra de gambas grandes peladas

100 g de tocino

225 g / 8 oz de hígados de pollo, en rodajas

1 diente de ajo machacado

2 rodajas de raíz de jengibre, picadas

30 ml / 2 cucharadas de azúcar

120 ml / 4 fl oz / ¬Ω taza de salsa de soja

sal y pimienta recién molida

Cortar las gambas a lo largo por la espalda sin cortarlas y aplanarlas un poco. Cortar el tocino en trozos y colocar en un bol con las gambas y los hígados de pollo. Mezclar el resto de los ingredientes, verter sobre las gambas y dejar reposar 30 minutos. Enhebrar las gambas, el tocino y los hígados en las brochetas y asar a la parrilla o asar durante unos 5 minutos, volteándolas con frecuencia, hasta que estén bien cocidas, rociando ocasionalmente con la marinada.

Langostinos con brotes de bambú

Para 4 personas

60 ml / 4 cucharadas de aceite de cacahuete

1 diente de ajo picado

1 rodaja de raíz de jengibre, picada

450 g / 1 libra de gambas peladas

30 ml / 2 cucharadas de vino de arroz o jerez seco

225 g / 8 oz de brotes de bambú

30 ml / 2 cucharadas de salsa de soja

15 ml / 1 cucharada de harina de maíz (maicena)

45 ml / 3 cucharadas de agua

Calentar el aceite y sofreír el ajo y el jengibre hasta que estén ligeramente dorados. Agrega las gambas y sofríe durante 1 minuto. Agregue el vino o jerez y revuelva bien. Agrega los brotes de bambú y sofríe durante 5 minutos. Agrega el resto de los ingredientes y sofríe durante 2 minutos.

Langostinos con Brotes de Judía

Para 4 personas

4 hongos chinos secos

30 ml / 2 cucharadas de aceite de cacahuete

1 diente de ajo machacado

225 g / 8 oz de gambas peladas

15 ml / 1 cucharada de vino de arroz o jerez seco

450 g / 1 lb de brotes de soja

120 ml / 4 fl oz / ¬Ω taza de caldo de pollo

15 ml / 1 cucharada de salsa de soja

15 ml / 1 cucharada de harina de maíz (maicena)

sal y pimienta recién molida

2 cebolletas (cebolletas), picadas

Remojar los champiñones en agua tibia durante 30 minutos y luego escurrir. Deseche los tallos y corte las tapas. Calentar el aceite y sofreír los ajos hasta que estén ligeramente dorados. Agrega las gambas y sofríe durante 1 minuto. Agrega el vino o jerez y sofríe durante 1 minuto. Agregue los champiñones y los brotes de soja. Mezcle el caldo, la salsa de soja y la harina de maíz y revuélvalo en la sartén. Lleve a ebullición y luego cocine a fuego lento, revolviendo, hasta que la salsa se aclare y espese.

Sazone al gusto con sal y pimienta. Sirva espolvoreado con cebolletas.

Langostinos con Salsa de Frijoles Negros

Para 4 personas

30 ml / 2 cucharadas de aceite de cacahuete

5 ml / 1 cucharadita de sal

1 diente de ajo machacado

45 ml / 3 cucharadas de salsa de frijoles negros

1 pimiento verde picado

1 cebolla picada

120 ml / 4 fl oz / ¬Ω taza de caldo de pescado

5 ml / 1 cucharadita de azúcar

15 ml / 1 cucharada de salsa de soja

225 g / 8 oz de gambas peladas

15 ml / 1 cucharada de harina de maíz (maicena)

45 ml / 3 cucharadas de agua

Calentar el aceite y sofreír la sal, el ajo y la salsa de frijoles negros durante 2 minutos. Agrega el pimiento y la cebolla y sofríe durante 2 minutos. Agrega el caldo, el azúcar y la salsa de soja y lleva a ebullición. Agrega las gambas y cocina a fuego lento durante 2 minutos. Mezcle la harina de maíz y el agua hasta obtener una pasta, agréguela a la sartén y cocine a fuego lento, revolviendo, hasta que la salsa se aclare y espese.

Langostinos con Apio

Para 4 personas

45 ml / 3 cucharadas de aceite de maní (maní)

3 rodajas de raíz de jengibre, picada

450 g / 1 libra de gambas peladas

5 ml / 1 cucharadita de sal

15 ml / 1 cucharada de jerez

4 tallos de apio picados

100 g / 4 oz de almendras picadas

Calentar la mitad del aceite y freír el jengibre hasta que esté ligeramente dorado. Agrega las gambas, la sal y el jerez y sofríe hasta que estén bien cubiertos de aceite y luego retira de la sartén. Calentar el aceite restante y sofreír el apio y las almendras durante unos minutos hasta que el apio esté tierno pero aún crujiente. Regrese las gambas a la sartén, mezcle bien y caliente antes de servir.

Langostinos Salteados con Pollo

Para 4 personas

30 ml / 2 cucharadas de aceite de cacahuete

2 dientes de ajo machacados

225 g / 8 oz de pollo cocido, en rodajas finas

100 g / 4 oz de brotes de bambú, en rodajas

100 g / 4 oz de champiñones, en rodajas

75 ml / 5 cucharadas de caldo de pescado

225 g / 8 oz de gambas peladas

225 g / 8 oz de tirabeques (guisantes)

15 ml / 1 cucharada de harina de maíz (maicena)

45 ml / 3 cucharadas de agua

Calentar el aceite y sofreír los ajos hasta que estén ligeramente dorados. Agregue el pollo, los brotes de bambú y los champiñones y saltee hasta que estén bien cubiertos de aceite. Añadir el caldo y hervirlo. Añada las gambas y el tirabeque, tape y cocine a fuego lento durante 5 minutos. Mezcle la harina de maíz y el agua hasta obtener una pasta, revuelva en la sartén y cocine a fuego lento, revolviendo, hasta que la salsa se aclare y espese. Sirva de una vez.

Langostinos al Ají

Para 4 personas

450 g / 1 libra de gambas peladas

1 clara de huevo

10 ml / 2 cucharaditas de harina de maíz (maicena)

5 ml / 1 cucharadita de sal

60 ml / 4 cucharadas de aceite de cacahuete

25 g / 1 oz de chiles rojos secos, recortados

1 diente de ajo machacado

5 ml / 1 cucharadita de pimienta recién molida

15 ml / 1 cucharada de salsa de soja

5 ml / 1 cucharadita de vino de arroz o jerez seco

2,5 ml / ¬Ω cucharadita de azúcar

2,5 ml / ¬Ω cucharadita de vinagre de vino

2,5 ml / ¬Ω cucharadita de aceite de sésamo

Colocar las gambas en un bol con la clara de huevo, la maicena y la sal y dejar macerar durante 30 minutos. Calentar el aceite y sofreír los chiles, el ajo y la pimienta durante 1 minuto. Agregue las gambas y los ingredientes restantes y saltee durante unos minutos hasta que las gambas estén bien calientes y los ingredientes bien mezclados.

Chop Suey de gambas

Para 4 personas

60 ml / 4 cucharadas de aceite de cacahuete

2 cebolletas (cebolletas), picadas

2 dientes de ajo machacados

1 rodaja de raíz de jengibre, picada

225 g / 8 oz de gambas peladas

100 g / 4 oz de guisantes congelados

100 g / 4 oz de champiñones, cortados por la mitad

30 ml / 2 cucharadas de salsa de soja

15 ml / 1 cucharada de vino de arroz o jerez seco

5 ml / 1 cucharadita de azúcar

5 ml / 1 cucharadita de sal

15 ml / 1 cucharada de harina de maíz (maicena)

Calentar 45 ml / 3 cucharadas de aceite y sofreír las cebolletas, el ajo y el jengibre hasta que estén ligeramente dorados. Agrega las gambas y sofríe durante 1 minuto. Retirar de la sartén. Calentar el aceite restante y sofreír los guisantes y los champiñones durante 3 minutos. Agrega las gambas, la salsa de soja, el vino o jerez, el azúcar y la sal y sofríe durante 2 minutos. Mezcle la harina de maíz con un poco de agua, revuélvala en la sartén y cocine a fuego lento, revolviendo, hasta que la salsa se aclare y espese.

Chow Mein de gambas

Para 4 personas

450 g / 1 libra de gambas peladas

15 ml / 1 cucharada de harina de maíz (maicena)

15 ml / 1 cucharada de salsa de soja

15 ml / 1 cucharada de vino de arroz o jerez seco

4 hongos chinos secos

30 ml / 2 cucharadas de aceite de cacahuete

5 ml / 1 cucharadita de sal

1 rodaja de raíz de jengibre, picada

100 g / 4 oz de repollo chino, en rodajas

100 g / 4 oz de brotes de bambú, en rodajas

Tallarines Suaves Fritos

Mezclar las gambas con la maicena, la salsa de soja y el vino o jerez y dejar reposar, revolviendo de vez en cuando. Remojar los champiñones en agua tibia durante 30 minutos y luego escurrir. Deseche los tallos y corte las tapas. Calentar el aceite y freír la sal y el jengibre durante 1 minuto. Agregue el repollo y los brotes de bambú y revuelva hasta que estén cubiertos de aceite. Tape y cocine a fuego lento durante 2 minutos. Agrega las gambas y la marinada y sofríe durante 3 minutos. Agregue los fideos escurridos y caliente antes de servir.

Langostinos con Calabacines y Lichis

Para 4 personas

12 langostinos

sal y pimienta

10 ml / 2 cucharaditas de salsa de soja

10 ml / 2 cucharaditas de harina de maíz (maicena)

15 ml / 1 cucharada de aceite de cacahuete

4 dientes de ajo machacados

2 chiles rojos picados

225 g / 8 oz de calabacines (calabacín), cortados en cubitos

2 cebolletas (cebolletas), picadas

12 lichis, apedreados

120 ml / 4 fl oz / ¬Ω taza de crema de coco

10 ml / 2 cucharaditas de curry suave en polvo

5 ml / 1 cucharadita de salsa de pescado

Pelar las gambas dejándolas en las colas. Espolvoree con sal, pimienta y salsa de soja y luego cubra con harina de maíz. Calentar el aceite y sofreír los ajos, las guindillas y las gambas durante 1 minuto. Agrega los calabacines, las cebolletas y los lichis y sofríe durante 1 minuto. Retirar de la sartén. Vierta la crema de coco en la sartén, lleve a ebullición y cocine a fuego lento durante 2 minutos hasta que espese. Revuelva en el curry

en polvo y salsa de pescado y sazone con sal y pimienta. Regrese las gambas y las verduras a la salsa para que se calienten antes de servir.

Langostinos con Cangrejo

Para 4 personas

45 ml / 3 cucharadas de aceite de maní (maní)

3 cebolletas (cebolletas), picadas

1 raíz de jengibre en rodajas, picada

225 g / 8 oz de carne de cangrejo

15 ml / 1 cucharada de vino de arroz o jerez seco

30 ml / 2 cucharadas de caldo de pollo o pescado

15 ml / 1 cucharada de salsa de soja

5 ml / 1 cucharadita de azúcar morena

5 ml / 1 cucharadita de vinagre de vino

pimienta recién molida

10 ml / 2 cucharaditas de harina de maíz (maicena)

225 g / 8 oz de gambas peladas

Calentar 30 ml / 2 cucharadas de aceite y sofreír las cebolletas y el jengibre hasta que estén ligeramente dorados. Agrega la carne de cangrejo y sofríe durante 2 minutos. Agrega el vino o jerez, el caldo, la salsa de soja, el azúcar y el vinagre y sazona al gusto con pimienta. Sofreír durante 3 minutos. Mezclar la maicena con un poco de agua y mezclar con la salsa. Cocine a fuego lento, revolviendo, hasta que la salsa espese. Mientras tanto, calentar el aceite restante en una sartén aparte y sofreír las gambas durante unos minutos.

minutos hasta que se caliente por completo. Coloque la mezcla de cangrejo en un plato para servir caliente y cubra con las gambas.

Langostinos con Pepino

Para 4 personas

225 g / 8 oz de gambas peladas
sal y pimienta recién molida
15 ml / 1 cucharada de harina de maíz (maicena)
1 pepino
45 ml / 3 cucharadas de aceite de maní (maní)
2 dientes de ajo machacados
1 cebolla finamente picada
15 ml / 1 cucharada de vino de arroz o jerez seco
2 rodajas de raíz de jengibre, picadas

Sazone las gambas con sal y pimienta y mezcle con la maicena. Pelar y sembrar el pepino y cortarlo en rodajas gruesas. Calentar la mitad del aceite y sofreír el ajo y la cebolla hasta que estén ligeramente dorados. Agrega las gambas y el jerez y sofríe durante 2 minutos y luego retira los ingredientes de la sartén. Calentar el aceite restante y freír el jengibre durante 1 minuto. Agrega el pepino y sofríe durante 2 minutos. Regrese la mezcla de gambas a la sartén y saltee hasta que esté bien mezclado y caliente.

Langostinos al curry

Para 4 personas

45 ml / 3 cucharadas de aceite de maní (maní)

4 cebolletas (cebolletas), en rodajas

30 ml / 2 cucharadas de curry en polvo

2,5 ml / ¬Ω cucharadita de sal

120 ml / 4 fl oz / ¬Ω taza de caldo de pollo

450 g / 1 libra de gambas peladas

Calentar el aceite y freír las cebolletas durante 30 segundos. Agrega el curry en polvo y la sal y sofríe durante 1 minuto. Agregue el caldo, lleve a ebullición y cocine a fuego lento, revolviendo, durante 2 minutos. Agrega las gambas y calienta suavemente.

Curry de gambas y champiñones

Para 4 personas

5 ml / 1 cucharadita de salsa de soja

5 ml / 1 cucharadita de vino de arroz o jerez seco

225 g / 8 oz de gambas peladas

30 ml / 2 cucharadas de aceite de cacahuete

2 dientes de ajo machacados

1 rodaja de raíz de jengibre, finamente picada

1 cebolla, cortada en gajos

100 g / 4 oz de champiñones

100 g / 4 oz de guisantes frescos o congelados

15 ml / 1 cucharada de curry en polvo

15 ml / 1 cucharada de harina de maíz (maicena)

150 ml / ¬° pt / generosa ¬Ω taza de caldo de pollo

Mezclar la salsa de soja, el vino o el jerez y las gambas. Calentar el aceite con el ajo y el jengibre y freír hasta que se dore un poco. Agrega la cebolla, los champiñones y los guisantes y sofríe durante 2 minutos. Agrega el curry en polvo y la harina de maíz y sofríe durante 2 minutos. Agregue gradualmente el caldo, lleve a ebullición, cubra y cocine a fuego lento durante 5 minutos, revolviendo ocasionalmente. Agrega las gambas y la marinada, tapa y cocina a fuego lento durante 2 minutos.

Langostinos Fritos

Para 4 personas

450 g / 1 libra de gambas peladas
30 ml / 2 cucharadas de vino de arroz o jerez seco
5 ml / 1 cucharadita de sal
aceite para freír
salsa de soja

Mezclar las gambas en el vino o jerez y espolvorear con sal. Deje reposar durante 15 minutos, luego escurra y seque. Calentar el aceite y sofreír las gambas durante unos segundos hasta que estén crujientes. Sirve espolvoreado con salsa de soja.

Langostinos rebozados fritos

Para 4 personas

50 g / 2 oz / ¬Ω taza de harina común (para todo uso)

2,5 ml / ¬Ω cucharadita de sal

1 huevo, ligeramente batido

30 ml / 2 cucharadas de agua

450 g / 1 libra de gambas peladas

aceite para freír

Batir la harina, la sal, el huevo y el agua hasta formar una masa, agregando un poco más de agua si es necesario. Mezclar con las gambas hasta que estén bien rebozadas. Calentar el aceite y sofreír las gambas durante unos minutos hasta que estén crujientes y doradas.

Empanadillas de Langostinos con Salsa de Tomate

Para 4 personas

900 g / 2 lb de gambas peladas

450 g / 1 lb de bacalao picado (molido)

4 huevos batidos

50 g / 2 oz / ¬Ω taza de harina de maíz (maicena)

2 dientes de ajo machacados

30 ml / 2 cucharadas de salsa de soja

15 ml / 1 cucharada de azúcar

15 ml / 1 cucharada de aceite de cacahuete

Para la salsa:

30 ml / 2 cucharadas de aceite de cacahuete

100 g / 4 oz de cebolletas (cebolletas), picadas

100 g de champiñones picados

100 g / 4 oz de jamón picado

2 tallos de apio picados

200 g / 7 oz de tomates, sin piel y picados

300 ml / ¬Ω pt / 1¬° tazas de agua

sal y pimienta recién molida

15 ml / 1 cucharada de harina de maíz (maicena)

Picar finamente las gambas y mezclar con el bacalao. Agregue los huevos, la harina de maíz, el ajo, la salsa de soja, el azúcar y el aceite. Ponga a hervir una cacerola grande con agua y vierta cucharadas de la mezcla en la cacerola. Vuelva a hervir y cocine a fuego lento durante unos minutos hasta que las albóndigas floten hacia la superficie. Escurrir bien. Para hacer la salsa, calentar el aceite y freír las cebolletas hasta que estén blandas pero no doradas. Agrega los champiñones y fríe por 1 minuto luego agrega el jamón, el apio y los tomates y fríe por 1 minuto. Agrega el agua, lleva a ebullición y sazona con sal y pimienta. Tape y cocine a fuego lento durante 10 minutos, revolviendo ocasionalmente. Mezclar la maicena con un poco de agua y mezclar con la salsa. Cocine a fuego lento durante unos minutos, revolviendo, hasta que la salsa se aclare y espese. Sirve con las albóndigas.

Hueveras y Gambas

Para 4 personas

15 ml / 1 cucharada de aceite de sésamo

8 langostinos pelados

1 guindilla roja picada

2 cebolletas (cebolletas), picadas

30 ml / 2 cucharadas de abulón picado (opcional)

8 huevos

15 ml / 1 cucharada de salsa de soja

sal y pimienta recién molida

unas ramitas de perejil de hoja plana

Use el aceite de sésamo para engrasar 8 platos de cazuela.
Coloque una gamba en cada plato con un poco de guindilla,
cebolletas y abulón, si lo usa. Rompe un huevo en cada tazón y
sazona con salsa de soja, sal y pimienta. Coloque los moldes en
una bandeja para hornear y hornee en un horno precalentado a
200 C / 400 F / marca de gas 6 durante aproximadamente 15
minutos hasta que los huevos estén listos y ligeramente crujientes
por fuera. Colócalos con cuidado en un plato para servir caliente
y decora con perejil.

Rollitos de huevo de gambas

Para 4 personas

225 g / 8 oz de brotes de soja

30 ml / 2 cucharadas de aceite de cacahuete

4 tallos de apio picados

100 g de champiñones picados

225 g / 8 oz de gambas peladas, picadas

15 ml / 1 cucharada de vino de arroz o jerez seco

2,5 ml / ¬Ω cucharadita de maicena (maicena)

2,5 ml / ¬Ω cucharadita de sal

2,5 ml / ¬Ω cucharadita de azúcar

12 pieles de rollitos de huevo

1 huevo batido

aceite para freír

Escaldar los brotes de soja en agua hirviendo durante 2 minutos y luego escurrir. Calentar el aceite y sofreír el apio durante 1 minuto. Agrega los champiñones y sofríe durante 1 minuto. Agrega las gambas, el vino o jerez, la maicena, la sal y el azúcar y sofríe durante 2 minutos. Dejar enfriar.

Coloca un poco del relleno en el centro de cada piel y pinta los bordes con huevo batido. Doble los bordes y luego enrolle el rollo de huevo lejos de usted, sellando los bordes con huevo. Calentar el aceite y sofreír hasta que se doren.

Langostinos al Lejano Oriente

Para 4 personas

16,20 langostinos pelados

jugo de 1 limón

120 ml / 4 fl oz / ¬Ω taza de vino blanco seco

30 ml / 2 cucharadas de salsa de soja

30 ml / 2 cucharadas de miel

15 ml / 1 cucharada de cáscara de limón rallada

sal y pimienta

45 ml / 3 cucharadas de aceite de maní (maní)

1 diente de ajo picado

6 cebolletas (cebolletas), cortadas en tiras

2 zanahorias, cortadas en tiras

5 ml / 1 cucharadita de polvo de cinco especias

5 ml / 1 cucharadita de harina de maíz (maicena)

Mezclar las gambas con el jugo de limón, el vino, la salsa de soja, la miel y la cáscara de limón y sazonar con sal y pimienta. Cubra y deje marinar durante 1 hora. Calentar el aceite y sofreír los ajos hasta que estén ligeramente dorados. Agregue las verduras y saltee hasta que estén tiernas pero aún crujientes.

Escurrir las gambas, añadirlas a la sartén y sofreír durante 2 minutos. Presion

la marinada y mézclela con el polvo de cinco especias y la maicena. Añadir al wok, remover bien y llevar a ebullición.

Langostino Foo Yung

Para 4 personas

6 huevos batidos

45 ml / 3 cucharadas de harina de maíz (maicena)

225 g / 8 oz de gambas peladas

100 g / 4 oz de champiñones, en rodajas

5 ml / 1 cucharadita de sal

2 cebolletas (cebolletas), picadas

45 ml / 3 cucharadas de aceite de maní (maní)

Batir los huevos y luego incorporar la harina de maíz. Agregue todos los ingredientes restantes excepto el aceite. Calentar el aceite y verter la mezcla en la sartén poco a poco para hacer tortitas de unos 7,5 cm de ancho. Freír hasta que el fondo esté dorado, luego voltear y dorar el otro lado.

Papas Fritas De Gambas

Para 4 personas

12 gambas grandes crudas

1 huevo batido

30 ml / 2 cucharadas de harina de maíz (maicena)

pizca de sal

pizca de pimienta

3 rebanadas de pan

1 yema de huevo hervida (cocida), picada

25 g / 1 oz de jamón cocido, picado

1 cebolla tierna (cebolleta), picada

aceite para freír

Retirar las cáscaras y las venas del dorso de las gambas, dejando intactas las colas. Corta el dorso de las gambas con un cuchillo afilado y aplánalas suavemente. Batir el huevo, la maicena, la sal y la pimienta. Mezcle las gambas en la mezcla hasta que estén completamente cubiertas. Retirar la corteza del pan y cortarlo en cuartos. Coloque una gamba, con el lado cortado hacia abajo, en cada pieza y presione hacia abajo. Unte un poco de mezcla de huevo sobre cada langostino y luego espolvoree con la yema de huevo, el jamón y la cebolleta. Calentar el aceite y freír los trozos de pan de gambas por tandas hasta que estén dorados. Escurrir sobre papel de cocina y servir caliente.

Langostinos Fritos en Salsa

Para 4 personas

75 g / 3 oz / colmada ¬° taza de harina de maíz (maicena)

¬Ω huevo batido

5 ml / 1 cucharadita de vino de arroz o jerez seco

sal

450 g / 1 libra de gambas peladas

45 ml / 3 cucharadas de aceite de maní (maní)

5 ml / 1 cucharadita de aceite de sésamo

1 diente de ajo machacado

1 rodaja de raíz de jengibre, picada

3 cebolletas (cebolletas), en rodajas

15 ml / 1 cucharada de caldo de pescado

5 ml / 1 cucharadita de vinagre de vino

5 ml / 1 cucharadita de azúcar

Mezcle la harina de maíz, el huevo, el vino o el jerez y una pizca de sal para hacer una masa. Sumerge las gambas en la masa para que queden ligeramente rebozadas. Calentar el aceite y sofreír las gambas hasta que estén crujientes por fuera. Retirarlos de la sartén y escurrir el aceite. Calentar el aceite de sésamo en la sartén, añadir las gambas, el ajo, el jengibre y cebolletas y sofríe durante 3 minutos. Agregue el caldo, el vinagre de vino y el azúcar, revuelva bien y caliente antes de servir.

Salteado de Vieira y Cebolla

Para 4 personas

45 ml / 3 cucharadas de aceite de maní (maní)

1 cebolla en rodajas

450 g / 1 lb de vieiras sin cáscara, en cuartos

sal y pimienta recién molida

15 ml / 1 cucharada de vino de arroz o jerez seco

Calentar el aceite y sofreír la cebolla hasta que se ablande. Agrega las vieiras y sofríe hasta que estén ligeramente doradas. Sazone con sal y pimienta, espolvoree con vino o jerez y sirva de inmediato.

Vieiras con Verduras

Para 4'6

4 hongos chinos secos

2 cebollas

30 ml / 2 cucharadas de aceite de cacahuete

3 tallos de apio, cortados en diagonal

225 g / 8 oz de ejotes, cortados en diagonal

10 ml / 2 cucharaditas de raíz de jengibre rallada

1 diente de ajo machacado

20 ml / 4 cucharaditas de harina de maíz (maicena)

250 ml / 8 fl oz / 1 taza de caldo de pollo

30 ml / 2 cucharadas de vino de arroz o jerez seco

30 ml / 2 cucharadas de salsa de soja

450 g / 1 lb de vieiras sin cáscara, en cuartos

6 cebolletas (cebolletas), en rodajas

425 g / 15 oz de mazorcas de elote en conserva

Remojar los champiñones en agua tibia durante 30 minutos y luego escurrir. Deseche los tallos y corte las tapas. Corta las cebollas en gajos y separa las capas. Calentar el aceite y sofreír las cebollas, el apio, los frijoles, el jengibre y el ajo durante 3 minutos. Licuar la harina de maíz con un poco de caldo y luego mezclar con el caldo restante, vino o jerez y salsa de soja. Añadir al wok y llevar a ebullición, revolviendo. Agregue los champiñones, las vieiras, las cebolletas y el maíz y saltee durante unos 5 minutos hasta que las vieiras estén tiernas.

Vieiras con Pimientos

Para 4 personas

30 ml / 2 cucharadas de aceite de cacahuete

3 cebolletas (cebolletas), picadas

1 diente de ajo machacado

2 rodajas de raíz de jengibre picadas

2 pimientos rojos cortados en cubitos

450 g / 1 libra de vieiras sin cáscara

30 ml / 2 cucharadas de vino de arroz o jerez seco

15 ml / 1 cucharada de salsa de soja

15 ml / 1 cucharada de salsa de frijoles amarillos

5 ml / 1 cucharadita de azúcar

5 ml / 1 cucharadita de aceite de sésamo

Calentar el aceite y sofreír las cebolletas, el ajo y el jengibre durante 30 segundos. Agrega los pimientos y sofríe durante 1 minuto. Agregue las vieiras y saltee durante 30 segundos, luego agregue los ingredientes restantes y cocine durante aproximadamente 3 minutos hasta que las vieiras estén tiernas.

Calamares con brotes de soja

Para 4 personas

450 g / 1 libra de calamares

30 ml / 2 cucharadas de aceite de cacahuete

15 ml / 1 cucharada de vino de arroz o jerez seco

100 g / 4 oz de brotes de soja

15 ml / 1 cucharada de salsa de soja

sal

1 guindilla roja, rallada

2 rodajas de raíz de jengibre, ralladas

2 cebolletas (cebolletas), ralladas

Retire la cabeza, las tripas y la membrana del calamar y córtelo en trozos grandes. Corta un patrón entrecruzado en cada pieza. Llevar a ebullición una cacerola con agua, agregar los calamares y cocinar a fuego lento hasta que los trozos se enrollen, retirar y escurrir. Calentar la mitad del aceite y sofreír los calamares rápidamente. Espolvorear con vino o jerez. Mientras tanto, caliente el aceite restante y sofría los brotes de soja hasta que estén tiernos. Sazone con salsa de soja y sal. Coloque la guindilla, el jengibre y las cebolletas alrededor de un plato para servir. Apile los brotes de soja en el centro y cubra con los calamares. Sirva de una vez.

Calamar Frito

Para 4 personas

50 g / 2 oz de harina común (para todo uso)

25 g / 1 oz / ¬° taza de maicena (maicena)

2,5 ml / ¬Ω cucharadita de polvo de hornear

2,5 ml / ¬Ω cucharadita de sal

1 huevo

75 ml / 5 cucharadas de agua

15 ml / 1 cucharada de aceite de cacahuete

450 g / 1 lb de calamares, cortados en aros

aceite para freír

Batir la harina, la maicena, el polvo de hornear, la sal, el huevo, el agua y el aceite para formar una masa. Sumerja los calamares en la masa hasta que estén bien cubiertos. Calentar el aceite y sofreír los calamares unos trozos a la vez hasta que estén dorados. Escurrir sobre papel de cocina antes de servir.

Paquetes de calamar

Para 4 personas

8 hongos chinos secos

450 g / 1 libra de calamares

100 g / 4 oz de jamón ahumado

100 g / 4 oz de tofu

1 huevo batido

15 ml / 1 cucharada de harina común (para todo uso)

2,5 ml / ¬Ω cucharadita de azúcar

2,5 ml / ¬Ω cucharadita de aceite de sésamo

sal y pimienta recién molida

8 pieles de wonton

aceite para freír

Remojar los champiñones en agua tibia durante 30 minutos y luego escurrir. Desecha los tallos. Recorta los calamares y córtalos en 8 trozos. Corta el jamón y el tofu en 8 trozos. Colócalos todos en un bol. Mezclar el huevo con la harina, el azúcar, el aceite de sésamo, la sal y la pimienta. Vierta los ingredientes en el bol y mezcle suavemente. Coloque una tapa de champiñones y un trozo de calamar, jamón y tofu justo debajo del centro de cada piel de wonton. Dobla la esquina inferior, dobla los lados y luego enrolla, humedeciendo los bordes con agua para sellar. Calentar el aceite y freír los bultos durante unos 8 minutos hasta que se doren. Escurrir bien antes de servir.

Rollitos de calamar frito

Para 4 personas

45 ml / 3 cucharadas de aceite de maní (maní)

225 g / 8 oz de anillos de calamar

1 pimiento verde grande, cortado en trozos

100 g / 4 oz de brotes de bambú, en rodajas

2 cebolletas (cebolletas), finamente picadas

1 rodaja de raíz de jengibre, finamente picada

45 ml / 2 cucharadas de salsa de soja

30 ml / 2 cucharadas de vino de arroz o jerez seco

15 ml / 1 cucharada de harina de maíz (maicena)

15 ml / 1 cucharada de caldo de pescado o agua

5 ml / 1 cucharadita de azúcar

5 ml / 1 cucharadita de vinagre de vino

5 ml / 1 cucharadita de aceite de sésamo

sal y pimienta recién molida

Calentar 15 ml / 1 cucharada de aceite y freír los calamares rápidamente hasta que estén bien sellados. Mientras tanto, calentar el aceite restante en una sartén aparte y sofreír el pimiento, los brotes de bambú, las cebolletas y el jengibre durante 2 minutos. Agrega los calamares y sofríe durante 1 minuto. Agregue la salsa de soja, el vino o el jerez, la harina de maíz, el caldo, el azúcar, el vinagre de vino y el aceite de sésamo y sazone con sal y pimienta. Sofríe hasta que la salsa se aclare y espese.

Calamares Salteados

Para 4 personas

45 ml / 3 cucharadas de aceite de maní (maní)

3 cebolletas (cebolletas), en rodajas gruesas

2 rodajas de raíz de jengibre, picadas

450 g / 1 lb de calamares, cortados en trozos

15 ml / 1 cucharada de salsa de soja

15 ml / 1 cucharada de vino de arroz o jerez seco

5 ml / 1 cucharadita de harina de maíz (maicena)

15 ml / 1 cucharada de agua

Calentar el aceite y sofreír las cebolletas y el jengibre hasta que se ablanden. Agrega los calamares y sofríe hasta que estén cubiertos de aceite. Agregue la salsa de soja y el vino o jerez, tape y cocine a fuego lento durante 2 minutos. Mezcle la harina de maíz y el agua hasta formar una pasta, agréguela a la sartén y cocine a fuego lento, revolviendo, hasta que la salsa espese y los calamares estén tiernos.

Calamar con Champiñones Secos

Para 4 personas

50 g / 2 oz de champiñones chinos secos

450 g / 1 libra de aros de calamar

45 ml / 3 cucharadas de aceite de maní (maní)

45 ml / 3 cucharadas de salsa de soja

2 cebolletas (cebolletas), finamente picadas

1 rodaja de raíz de jengibre, picada

225 g / 8 oz de brotes de bambú, cortados en tiras

30 ml / 2 cucharadas de harina de maíz (maicena)

150 ml / ¬° pt / generosa ¬Ω taza de caldo de pescado

Remojar los champiñones en agua tibia durante 30 minutos y luego escurrir. Deseche los tallos y corte las tapas. Escaldar los calamares durante unos segundos en agua hirviendo. Caliente el aceite y luego agregue los champiñones, la salsa de soja, las cebolletas y el jengibre y saltee durante 2 minutos. Agrega los calamares y los brotes de bambú y sofríe durante 2 minutos. Mezcle la harina de maíz y el caldo y revuélvalo en la sartén. Cocine a fuego lento, revolviendo, hasta que la salsa se aclare y espese.

Calamar con Verduras

Para 4 personas

45 ml / 3 cucharadas de aceite de maní (maní)

1 cebolla en rodajas

5 ml / 1 cucharadita de sal

450 g / 1 lb de calamares, cortados en trozos

100 g / 4 oz de brotes de bambú, en rodajas

2 tallos de apio, cortados en diagonal

60 ml / 4 cucharadas de caldo de pollo

5 ml / 1 cucharadita de azúcar

100 g / 4 oz de tirabeques (guisantes)

5 ml / 1 cucharadita de harina de maíz (maicena)

15 ml / 1 cucharada de agua

Calentar el aceite y sofreír la cebolla y la sal hasta que se dore un poco. Agrega los calamares y sofríe hasta que estén bañados en aceite. Agrega los brotes de bambú y el apio y sofríe durante 3 minutos. Agregue el caldo y el azúcar, lleve a ebullición, tape y cocine a fuego lento durante 3 minutos hasta que las verduras estén tiernas. Agregue el mangetout. Mezcle la harina de maíz y el agua hasta obtener una pasta, revuelva en la sartén y cocine a fuego lento, revolviendo, hasta que la salsa espese.

Carne de res estofada con anís

Para 4 personas

30 ml / 2 cucharadas de aceite de cacahuete

Filete de filete de 450 g / 1 lb

1 diente de ajo machacado

45 ml / 3 cucharadas de salsa de soja

15 ml / 1 cucharada de agua

15 ml / 1 cucharada de vino de arroz o jerez seco

5 ml / 1 cucharadita de sal

5 ml / 1 cucharadita de azúcar

2 dientes de anís estrellado

Calentar el aceite y freír la carne hasta que se dore por todos lados. Agregue los ingredientes restantes, deje hervir a fuego lento, cubra y cocine a fuego lento durante unos 45 minutos, luego dé la vuelta a la carne, agregando un poco más de agua y salsa de soja si la carne se está secando. Cocine a fuego lento durante otros 45 minutos hasta que la carne esté tierna. Deseche el anís estrellado antes de servir.

Ternera con Espárragos

Para 4 personas

450 g / 1 libra de filete de lomo, en cubos

30 ml / 2 cucharadas de salsa de soja

30 ml / 2 cucharadas de vino de arroz o jerez seco

45 ml / 3 cucharadas de harina de maíz (maicena)

45 ml / 3 cucharadas de aceite de maní (maní)

5 ml / 1 cucharadita de sal

1 diente de ajo machacado

350 g / 12 oz de puntas de espárragos

120 ml / 4 fl oz / ¬Ω taza de caldo de pollo

15 ml / 1 cucharada de salsa de soja

Coloca el bistec en un bol. Mezcle la salsa de soja, el vino o el jerez y 30 ml / 2 cucharadas de harina de maíz, vierta sobre el filete y revuelva bien. Dejar macerar durante 30 minutos. Calentar el aceite con la sal y el ajo y sofreír hasta que el ajo esté ligeramente dorado. Agrega la carne y el adobo y sofríe durante 4 minutos. Agrega los espárragos y sofríe suavemente durante 2 minutos. Agregue el caldo y la salsa de soja, lleve a ebullición y cocine a fuego lento, revolviendo durante 3 minutos hasta que la carne esté cocida. Mezcle la harina de maíz restante con un poco más de agua o caldo y revuélvala con la salsa. Cocine a fuego lento, revolviendo, durante unos minutos hasta que la salsa se aclare y espese.

Ternera con Brotes de Bambú y Hongos

Para 4 personas

225 g / 8 oz de carne magra de res

45 ml / 3 cucharadas de aceite de maní (maní)

1 rodaja de raíz de jengibre, picada

100 g / 4 oz de brotes de bambú, en rodajas

100 g / 4 oz de champiñones, en rodajas

45 ml / 3 cucharadas de vino de arroz o jerez seco

5 ml / 1 cucharadita de azúcar

10 ml / 2 cucharaditas de salsa de soja

sal y pimienta

120 ml / 4 fl oz / ¬Ω taza de caldo de res

15 ml / 1 cucharada de harina de maíz (maicena)

30 ml / 2 cucharadas de agua

Cortar la carne en rodajas finas a contrapelo. Calentar el aceite y sofreír el jengibre durante unos segundos. Agregue la carne y saltee hasta que se dore. Agrega los brotes de bambú y los champiñones y sofríe durante 1 minuto. Agrega el vino o jerez, el azúcar y la salsa de soja y sazona con sal y pimienta. Agregue el caldo, lleve a ebullición, tape y cocine a fuego lento durante 3 minutos. Mezcle la harina de maíz y el agua, revuelva en la sartén y cocine a fuego lento, revolviendo, hasta que la salsa espese.

Carne de res estofada china

Para 4 personas

45 ml / 3 cucharadas de aceite de maní (maní)

900 g / 2 lb de filete de chuletón

1 cebolla tierna (cebolleta), en rodajas

1 diente de ajo picado

1 rodaja de raíz de jengibre, picada

60 ml / 4 cucharadas de salsa de soja

30 ml / 2 cucharadas de vino de arroz o jerez seco

5 ml / 1 cucharadita de azúcar

5 ml / 1 cucharadita de sal

pizca de pimienta

750 ml / 1¬° pts / 3 tazas de agua hirviendo

Calentar el aceite y dorar rápidamente la carne por todos lados. Agrega la cebolleta, el ajo, el jengibre, la salsa de soja, el vino o jerez, el azúcar, la sal y la pimienta. Llevar a ebullición, revolviendo. Agregue el agua hirviendo, vuelva a hervir, revolviendo, luego cubra y cocine a fuego lento durante aproximadamente 2 horas hasta que la carne esté tierna.